Dennis Ladener

Eine kurze
-Zusammenfassung-
des Ganzen

Tat-Twam-Asi

2. Auflage

© 2015 Dennis Hans Ladener
(dladener@googlemail.com)

Herstellung und Verlag: BoD – Books on Demand, Norderstedt.

ISBN: 9783735785688

!!! Warnung !!!

Dieses Buch enthält Informationen, welche die meisten von Ihnen wohl in so einem Umfang noch nie erhalten haben.

Es könnte passieren, dass Ihr bis jetzt gewohntes Weltbild, aus den Fugen gerät und oder Sie sich enorm schwer damit tun, die neu erhaltenen Informationen zu glauben, sowie zu akzeptieren.

Ich kann Ihnen aber von ganzem Herzen versichern, dass es nicht Ihre Schuld ist, sondern die des Systems.

Wir Menschen sollen mit voller Absicht dumm gehalten werden, damit es bloß nicht zu vielen selbstständigen, sowie kritischen Überlegungen in der Bevölkerung kommt.

Deswegen wird über dieses Thema auch kaum in den Medien, geschweige denn in den Schulen gesprochen.

Hinzu kommt noch, dass dieses Wissen nicht bei besonders vielen Menschen bekannt ist.

Ich will nun versuchen, Ihnen dabei zu helfen, aus diesem System auszubrechen.

Ich bitte Sie daher sehr geduldig mit diesem Buch umzugehen und erst nach vollkommender Beendigung, ein Urteil über dieses zu Fällen.

Vielen Dank für ihr Verständnis.

Angaben zu meiner Person

 Mein Name ist Dennis Ladener. Geboren wurde ich am 11.05.1990 in Köln.

Seit 2012 lebe ich jedoch in dem kleinen aber feinen Städtchen Solingen, wo ich in aller Ruhe und Zurückgezogenheit meinem Denken nachgehen kann.

Ich betrachte mich selbst als Philosoph mit wissenschaftlichen Einflüssen. Müsste ich mich für eine Religion entscheiden, wäre es wohl die des Buddhismus geworden.

Offiziell bekenne ich mich allerdings, als Anhänger der Philosophie **Arthur Schopenhauers.** Da dieser nach meiner persönlichen Meinung der Wahrheit am nächsten gekommen ist.

Mein Ziel für die Zukunft ist es, allen Menschen die bereit dazu sind, eine alternative Denkweise zu vermitteln, um auf diesem Weg meinen Beitrag zu einer besseren Welt zu leisten.

Ansonsten verfahre ich mit dem Leben so, dass ich über dieses nachdenke.

In Erinnerung an Arthur Schopenhauer

"Aber das Leben ist kurz und die Wahrheit wirkt ferner und lange: Sagen wir die Wahrheit."

(1788-1860)

-Inhaltsverzeichnis-

Vorwort

Seite 7

Warum ist überhaupt Seiendes und nicht vielmehr Nichts?

Seite 9

Was bedeutet Urknall?

Seite 11

Was ist Materie?

Seite 13

Die Welt ist deine Vorstellung!

Seite 15

Die Beziehung zwischen Subjekt und Objekt

Seite 17

Der Mensch Subjekt und Objekt zugleich

Seite 22

Das Wesen der Welt ist Wille!

Seite 24

Was ist Gott?

Seite 30

Leben bedeutet erleben!

Seite 35

Das Bewusstsein Gottes

Seite 42

Freiheit vom Leid

Seite 45

Entstehen und Vergehen

Seite 48

Schlusswort

Seite 54

-Vorwort-

Dieses Buch kann sowohl als *„eigenständiges Werk"* aber auch als *„Begleitbuch"* zu meinem bisherigen Hauptwerk:

„Die höhere Erkenntnis ein Weg zum besseren Verständnis der Welt"

angesehen werden.

Mein Ziel hiermit ist es, die wichtigsten Erkenntnisse über die Welt in einer kurzen und übersichtlichen Zusammenfassung unterzubringen, in der Hoffnung das dieses Wissen nun auch für Menschen interessant wird, deren Interesse an Büchern nicht besonders ausgeprägt zu sein scheint. Es soll sozusagen als Einstieg dienen, um eine andere Art des Denkens zu entwickeln.

Sollten Sie jedoch bereits mein zuvor erwähntes Hauptwerk gelesen haben, dient dieses Buch hervorragend als Auffrischung, des bereits zuvor schon gelernten.

Sollte dies jedoch nicht der Fall sein, dann betrachten Sie es bitte als eine kurze und einsteigerfreundliche

Einleitung, die Ihnen mit Sicherheit bereits eine neue Denkweise offenbaren wird.

Wenn nach Beendigung dieses kleinen Büchleins noch weiteres Interesse besteht, sind Sie zumindest schon einmal gut vorbereitet, den Weg eines Denkers einzuschlagen.

Möge die Erkenntnis mit Ihnen sein.

Warum ist überhaupt Seiendes und nicht vielmehr Nichts?

Warum ist überhaupt Seiendes und nicht vielmehr Nichts?

Oder anders gefragt: Könnte es überhaupt etwas geben, wenn zuvor nichts vorhanden war, woraus dieses Etwas hätte entstehen können?

Vermutlich nicht! Denn wie sollte aus reinem Nichts, etwas anderes, als wiederum Nichts werden können?
„0+0 bleibt nun einmal 0 und wird nicht plötzlich 1 oder gar 2."

Anders sieht es allerdings aus, wenn bereits etwas Seiendes vorhanden ist und wir uns dann die Frage stellen, ob jemals das Nichts sein könnte, wo einmal etwas ist.

Stellen Sie sich bitte hierzu einmal einen Keks vor, den Sie nun vollkommen in Nichts umwandeln möchten.

Egal wie viel Mühe Sie sich hierbei geben würden,

den Keks könnten Sie lediglich soweit zerbröseln, bis er
nur noch aus dem feinsten Staub bestehen würde.
Verschwunden wäre er dadurch allerdings nicht!
Ja noch nicht einmal seine Masse, hätten Sie dadurch im
Gesamten betrachtet, verändern können.

Genauso sieht es z.B. mit 1. Liter Wasser aus, welches
Sie in einem Kochtopf immer weiter erhitzen würden.

Der Inhalt des Topfes, also das Wasser, wäre zwar nach
einer gewissen Zeit völlig verschwunden, doch nur weil
dieser sich in *„Wasserdampf"* umgewandelt hat.

Würden Sie nun diesen Dampf mit Hilfe einer Apparatur
wieder völlig einfangen, könnten Sie beobachten, wie
aus diesem wieder 1. Liter Wasser kondensieren würde.

Schlussendlich können wir hierdurch folgende
Erkenntnisse erzielen:

1. *Aus Nichts wird niemals etwas Seiendes*
   entstehen können.
2. *Wo etwas Seiendes ist, kann zuvor niemals das*
   Nichts gewesen sein.

3. Wo etwas Seiendes ist, wird niemals mehr das Nichts sein können.

*Dadurch, dass es bereits Sie und mich, sowie unseren Planeten Erde und das gesamte Universum gibt, können wir davon ausgehen, **dass es zum einen, niemals das Nichts gegeben haben kann und zum anderen, das es niemals das Nichts geben können wird.***

„Es muss also daher schon immer etwas völlig ursprüngliches, nie Entstandenes existiert haben."

Was bedeutet Urknall?

Der Urknall war die Geburtsstunde unseres heutigen Universums, denn erst in diesem Moment, begann unser Universum zu entstehen.

„Ereignet hat sich dieser vor ca. 13,8 Milliarden Jahren."

Das Faszinierendste an diesem Ereignis, ist aber wohl die Erkenntnis, dass alles heute Existierende, zuvor auf nur einem einzigen, unvorstellbar kleinen Punkt verdichtet war, was wiederum bedeutet, dass alles was jeher nach dem Urknall entstanden ist, einen vollkommen gleichen Ursprung hat.

„Wissen tun wir dies unter anderem, aufgrund der Beobachtung, dass sich das Universum immer weiter ausdehnt und sich dadurch die existierenden Galaxien voneinander entfernen."

Im Umkehrschluss bedeutet dies natürlich, dass sich in der Vergangenheit, alles Seiende näher beieinander befunden haben muss und das schließlich, bis zu einem Punkt der absoluten Dichte.

Aufgrund der wohl berühmtesten Formel der Welt,..

$$E=mc^2$$

„Energie ist gleich Masse mal Lichtgeschwindigkeit zum Quadrat."

…wissen wir zudem, woraus diese Verdichtung bestanden haben muss, nämlich aus *„Energie"*.

„Diese Formel besagt nämlich, dass Masse nichts anderes ist als Energie, lediglich in einer anderen Erscheinungsform."

Der Ursprung alles Seienden, war und ist somit eine kaum vorstellbare verdichtete Ansammlung von Energie, welche vielleicht bereits schon immer existiert hat.

Was ist Materie?

Materie ist das Material, aus dem unsere Welt besteht. Die Materie selbst wiederum besteht aus *„Molekülen"* welche ihrerseits aus *„Atomen"* bestehen.

Ein Atom besteht aus einem *„Kern"* und einer *„Hülle"*. Soweit so gut, doch verblüffend ist hierbei, dass der Raum welcher zwischen dem Kern und der Hülle des Atoms besteht, mit keiner Masse ausgefüllt ist.

„Denn 99,9% der Masse eines Atoms befindet sich im Atomkern und dieser ist wiederum winzig klein."

Um sich dies etwas besser vorstellen zu können, müssen Sie sich bitte einmal ein Reiskorn vorstellen welches sich auf dem Anstoßpunkt eines Fußballstadions befindet.
Das Reiskorn soll hierbei den Atomkern symbolisieren und somit auch den *Masseanteil von 99,9%.*

Alles, was sich nun um das besagte Reiskorn herum befindet, ist der *„Masselose Raum"* welcher zwischen Atomkern und Atomhülle herrscht.

Dies ist eine beachtliche Menge an Leere!!!

Warum aber spüren wir dann einen Wiederstand, wenn wir z.B. auf einen Tisch hauen oder unseren eigenen Körper berühren?

Dies kommt daher, weil jedes Atom von einem bestimmten Kraftfeld umgeben ist welches uns das Gefühl der Festigkeit vermittelt.

„Im Grunde ist ein Atom, eine winzige Energieeinheit, gespickt mit einem gewissen Informationsgehalt.

Je nachdem, wie diese Informationen von einem Lebewesen wahrgenommen und Interpretiert werden, entsteht dann der Eindruck von Materie, wie wir sie kennen."

Der antike griechische Philosoph Demokrit vermutete z.B. das: *Alles Seiende, ein ewiges Spiel der Atome mit sich selbst ist.*

Die Welt ist deine Vorstellung!

Ist die Welt wirklich so, wie sie Ihnen erscheint oder erscheint Ihnen die Welt lediglich so, wie es für Sie möglich ist diese wahrzunehmen?
Um dieser Frage auf den Grund zu gehen, müssen wir uns zunächst einmal damit beschäftigen, wie wir die Welt um uns herum wahrnehmen.

Der Mensch, ist genau wie jedes andere Lebewesen auf seine *„Werkzeuge der Erkenntnis"* angewiesen, um etwas von der Welt erleben zu können. Diese Werkzeuge der Erkenntnis, werden im Volksmund *„Sinnesorgane"* genannt.
Dem Menschen stehen *fünf „unterschiedliche"* von diesen Sinnesorganen zur Verfügung, um mit der Welt in der er lebt, in Verbindung treten zu können.

1. *„sehen mit den Augen"*
2. *„hören mit den Ohren"*
3. *„riechen mit der Nase"*
4. *„schmecken mit der Zunge und der Nase"*
5. *„fühlen mit der Haut"*

„Alles was wir von der Welt kennen, wird uns

ausschließlich über diese fünf Organe vermittelt.

Unabhängig von diesen, können wir nichts Weiteres über

unsere Umwelt erfahren."

Wichtig zu verstehen, ist hierbei nun folgendes:

Es gibt allein auf dem Planeten Erde

„über 8 Millionen unterschiedliche Lebensformen!"

Jedes von ihnen, ist genau wie Sie und ich mit gewissen

Sinnesorganen ausgestattet, die unseren zwar ähnlich

sind, aber dennoch für jede Spezies einzigartig bleiben.

Nun kann wie zuvor schon erwähnt, jedes Lebewesen

die Welt ausschließlich über seine Sinne erkennen.

Da aber nicht allen Lebewesen

„vollkommen identische Sinnesorgane"

zu Verfügung stehen,

nimmt jedes Lebewesen die Welt stets nur so wahr, wie

es ihm aufgrund der Beschaffenheit seiner Sinne

ermöglicht wird diese wahrzunehmen.

Die Welt ist also in Wirklichkeit niemals so, wie Sie diese

erleben sondern...

...Sie erleben die Welt lediglich so, wie es für Sie als

Menschen möglich ist, diese zu erkennen.

Die gesamte Welt wie sie Ihnen erscheint, ist allein *Ihre "persönliche Vorstellung" von der Welt* und nicht *"die" Welt.*

Jedes Lebewesen erlebt daher für sich selbst, eine vollkommen persönliche Vorstellung von der Welt.
Diese kann jedoch niemals das Abbild von einer einzigen und einheitlichen Welt sein!!!

Die Beziehung zwischen Subjekt und Objekt

Kann die Welt auch dann noch existieren, wenn niemand da wäre, der diese als solche wahrnimmt?
Nein kann sie nicht!
Zumindest nicht so, wie Sie und ich es gewohnt sind, sie zu erleben.

"Es ist ein gravierender Irrtum, zu glauben, es gäbe auch dann noch eine objektive Welt, wenn niemand da ist, der diese als solche erkennt."

"Ja die Welt ist ganz und gar abhängig von erkennenden Lebewesen, welche diese als solche wahrnehmen."

Um Ihnen dies etwas einfacher klarmachen zu können, sowie *„die Beziehung zwischen Subjekt und Objekt"* besser zu verdeutlichen, bitte ich Sie sich einmal einen Apfel vorzustellen,

bzw. wenn vorhanden, sich einen Apfel oder anderweitige Frucht zu holen und dann anzuschauen.

- *Der **Apfel,** ist nun das „**Objekt"** welches wahrgenommen wird.*
- *Und Sie der **Mensch,** sind das „**Subjekt"** welches den Apfel wahrnimmt.*

„Subjekt sein bedeutet immer, etwas von der Welt erfahren zu können."
*Dies geschieht mit Hilfe von **Sinnesorganen** welche auch „**Werkzeuge der Erkenntnis"** genannt werden.*

*„**Das Subjekt Mensch, verfügt über fünf Variationen dieser Werkzeuge der Erkenntnis."***
*„**Dies bedeutet, Sie können mit dem Apfel auf fünf verschiedene Arten interagieren und ihn daher auch auf fünf unterschiedliche Arten wahrnehmen."***

1. Sie können den Apfel „**sehen**“.
2. Sie können den Apfel „**fühlen**“.
3. Sie können den Apfel „**riechen**“.
4. Sie können den Apfel „**schmecken**“.
5. Sie können den Apfel „**hören**“.

(z.B. wenn dieser von einem Baum oder aus Ihren Händen herunter auf den Boden fällt.)

Wenn Sie den Apfel oder einen anderen Gegenstand anschauen, können Sie ihn nur deshalb bildlich wahrnehmen, weil zuvor ein „***Lichtstrahl***“ von diesem, in Ihre Richtung „***reflektiert***“ wurde welcher dann von Ihren „***Augen***“ aufgenommen wird, um die im Lichtstrahl enthaltenden „***Informationen***“ in Form von „***elektrischen Impulsen***“ an Ihr „***Gehirn***“ weiterzuleiten.

„Das Licht ist somit das Medium welches die Informationen der Energie, aus welcher die Materie besteht speichert, um diese dann an ein mit Augen ausgestattetes Lebewesen weiterzuleiten.“

Deshalb können wir im Dunkeln auch nichts sehen, das Licht fehlt ganz einfach!

- *Beim Prozess des **Fühlens** ist es wiederum die **Haut** welche die Informationen in Form von elektrischen Impulsen an das **Gehirn** überträgt.*

- *Informationen von **Gerüchen** werden dagegen durch **Duftmoleküle** welche durch die **Nase** aufgenommen werden, an das **Gehirn** übermittelt.*

- *Beim **Geschmack** übertragen sowohl die **Zunge** als auch Teile der **Nase** im **Zusammenspiel** die in der **Materie** enthaltenden **Informationen** an ihr **Gehirn** weiter.*

- *Und beim Prozess des **Hörens** ist es der **Schall**, der die **Informationen** überträgt. Sobald er in ein **Ohr** gelangt, übermitteln diese die **Informationen** an das **Gehirn** weiter.*

Das Gehirn besitzt nun für jedes dieser Sinne ein bestimmtes **Arial**, wo es die in Form von *elektrischen Impulsen* erhaltenen „Informationen" von der Außenwelt *„auswertet"* und <u>interpretiert</u>.

Wichtig zu verstehen ist hierbei nun folgendes:

- *Alle Eigenschaften der Welt, die Ihnen über ihre Sinne vermittelt werden, entstehen und befinden sich ausschließlich in Ihrem Gehirn. Dies betrifft Farben, Geräusche, Gerüche, Geschmäcker sowie jegliche Empfindungen, die Ihnen über Ihre Haut vermittelt werden z.B. das Gefühl von Wärme und Kälte.*

- *Alle Informationen der Außenwelt welche von Ihren Sinnesorganen aufgenommen und an Ihr Gehirn weitergeleitet werden, können vom Gehirn stets nur <u>interpretiert</u> werden und haben daher mit der „Wirklichkeit" überhaupt nichts zu tun.*

- *Je nachdem wie die Sinnesorgane sowie das Gehirn der unterschiedlichen Lebensformen konstruiert sind, werden die Informationen der Außenwelt anders verarbeitet und interpretiert. Dies ist der Grund, weshalb es keine einheitliche Wirklichkeit geben kann, sondern jedes Lebewesen seine eigene ganz persönliche und individuelle Vorstellung der Welt erlebt.*

„Der zuvor erwähnte Apfel und auch alle anderen Objekte dieser Welt, bekommen ihre spezifischen Eigenschaften somit erst ab dem Moment, wo Sie oder ein anderes Lebewesen, es auf irgendeine Art und Weise wahrnehmen."

„Unabhängig von einer Betrachtung durch ein Subjekt, kann somit kein Objekt bestehen, weil ja niemand vorhanden ist, der die Informationen des Objekts mit Hilfe der Sinnesorgane aufnimmt, um diese schließlich an das Gehirn weiterzuleiten."

Der Ort, wo die für uns gewohnte Wirklichkeit erst zu existieren beginnt!!!"

Der Mensch, Subjekt und Objekt zugleich

*Der Mensch ist genau wie jedes andere Lebewesen auch, auf seine **„Sinnesorgane"** angewiesen, um etwas über die Welt erfahren zu können.*

Somit unterliegt auch er dem „Gesetz der Vorstellung".

Das Besondere an uns Menschen, ist jedoch die
verblüffende Erkenntnis, dass wir…

…„*sowohl Subjekt als auch Objekt zugleich sind*".

*Dies bedeutet, dass unser eigener Körper zwar als ein
„Objekt" unter „Objekten" angesehen werden muss
und somit auch nur eine „weitere Vorstellung" sein kann.
Zugleich sind wir aber auch „Subjekt"
„Das Wesen was erkennt"!

Dies bedeutet zwar nicht, dass wir dadurch unseren
eigenen Körper, unabhängig einer Vorstellung erfahren
können.

Aber…
…es bedeutet, dass wir ein Objekt sind welches sich
selbst „erfahren" kann.

Wir haben sozusagen die Möglichkeit, dass
*„**innere Wesen**" eines Objekts zu studieren,*
*nämlich unser eigenes „**ICH**", unsere **Bedürfnisse, Triebe**
*und **Wünsche**.*

*Sie werden sehr schnell feststellen, dass dieses „**innere***
***Wesen**" also **Ihr inneres Wesen**,*

sehr viel Ähnlichkeit mit dem Wesen der gesamten Welt hat,

ja im Grunde sogar ein und dasselbe Wesen ist.

Das Wesen der Welt ist Wille

Pflanzen, Tiere und Menschen haben sehr viel mehr
Gemeinsamkeiten, als sich manch einer wohl
eingestehen möchte.

Jede *Pflanze* möchte zunächst im Grunde genommen

„EXISTIEREN"

„wachsen"

„bestehen"

zudem möchte sie ihren Teil zur **„Arterhaltung"**
beisteuern.

„Abgesehen davon, besteht ihre Existenz jedoch aus

reinem Dasein".

- *Sie hat keinen wirklichen Sinn des Lebens, obwohl sie
lebt.*
- *Sie lebt allein dafür, um zu leben.*
- *Ihre Bestimmung, hatte sie im Moment ihrer*
„EXISTENS" bereits erfüllt.

Die eventuelle Argumentation Ihrerseits, dass Pflanzen vielen Lebewesen als Nahrung dienen, sowie Sauerstoff produzieren, kann ich in diesem Fall leider nicht akzeptieren, da sich diese nicht uns
(den Lebewesen) sondern wir uns ihnen
(den Pflanzen) angepasst haben.

Bei den *Tieren,* sieht dies kaum anders aus…
„anpassen"
„überleben"
„fressen"
„fortpflanzen"
Diese Aufgaben hat jedes Tier, im Laufe seiner ansonsten sinnlosen Existenz zu erfüllen.

Aufgrund unserer viel zu romantischen Denkweise, übersehen wir oft, wie grauenvoll die Natur doch im Grunde ist.
„Fressen oder gefressen werden".
Das Überleben des *Stärksten, Schlausten* oder *Anpassungsfähigsten* ist dort die Devise.

Bereits hier zeigen sich deutliche Anzeichen für die **Sinnlosigkeit** *und den* **Widerspruch** *des Lebens.*

„Jedes Lebewesen kann nur dadurch bestehen,

indem es ein anderes verzehrt.“

Hierbei macht es keinen Unterschied, ob es sich um eine
Pflanze, ein Tier oder den Menschen handelt.
In der Natur ist nun mal kein Platz für erbarmen, wenn
man in ihr bestehen möchte.
Alle Lebewesen versuchen stets für sich selbst einen
Zustand der Zufriedenheit zu generieren.
Dies bedeutet…
„Schmerz vermeiden“
„Zufriedenheit erzeugen“.

Im gesamten Tierreich zeigt sich dies am besten in der
Arterhaltung, sowie der *Futterbeschaffung.*
Jedes Tier würde buchstäblich alles dafür tun, um nicht
zu verhungern, um sich fortzupflanzen und um sich
selbst und den Nachwuchs zu beschützen.
Tiere tun dies, weil es ihre Bestimmung ist dies zu tun.
Für sie existiert kein weiterer Sinn in ihrem Leben, dies
erkennt man besonders schön an ihrer ansonsten *recht*
faulen Einstellung dem Leben gegenüber.

Wenn ein Tier satt ist und sein Leib, sowie seine Fortpflanzung nicht gravierend gefährdet sind, tut es nichts anderes, außer *„spielen"* und *„faulenzen"*.

Der Mensch ist im Grunde genommen auch nichts anderes als ein Tier. Deshalb sind unsere Aufgaben zunächst die gleichen, wie bei den Tieren.

„anpassen"

„überleben"

„fressen"

„fortpflanzen".

Doch der Mensch ist natürlich kein gewöhnliches Tier, denn nichts auf diesem Planeten ist so einzigartig wie wir Menschen.

- *Der Mensch ist das wohl **komplexeste** Lebewesen auf diesem Planeten.*
- *Wir haben gelernt, die Welt um uns herum nach unseren Bedürfnissen **umzugestalten.***
- *Wir können, wenn wir den **wollen** und es **zugelassen** wird, ein unglaublich **hochintelligentes** sowie **einfühlsames** Wesen sein.*
- *Unzählbar **tolle** sowie **grausame Erfindungen** und **Entdeckungen,** hat der Mensch bereits vollbracht.*

- *Sogar das **Weltall** haben wir schon bereist.*
- *Wir **lernen** aus der Vergangenheit und **planen** unsere Zukunft.*
- *Wir streben nach **Status, Anerkennung, Ruhm, Macht, Geld** und **ewiger Jugend.***
- *Wir wollen so vieles **besitzen,** obwohl wir fast nichts davon wirklich **gebrauchen** können.*
- *Wir haben **Gefühle,** empfinden **Liebe, Glück, Freude, Leid, Trauer, Hass, Gier,** und **Zorn.***
- *Wir sind so **facettenreich,** nehmen zu jedem Moment in unserem Leben eine **andere Rolle** an, **verändern"** uns sowieso jeden Tag, jede Stunde und jede Minute.*
- *Wir gründen eine **Familie,** ziehen unsere **Kinder** groß und kümmern uns später um unsere **Eltern.***
- *Wir denken über den **Tod** nach und grübeln über **den Sinn des Lebens** ja sogar **Götter** erschaffen wir uns selbst.*
- *Wir **philosophierten** und entdeckten die **Wissenschaft.***

„Doch die Meisten von uns, kamen wohl niemals richtig zur Vernunft!"

Was Mensch, Tier und Pflanze jedoch auf jeden Fall gemeinsam haben, ist *„das Wollen"*.

Das „Dasein" eines jeden Lebewesens, wird von einem Willen bestimmt!!!

Zunächst einmal ist es *„der Wille zur Existenz"* *welcher dafür sorgt, dass sich eine kaum vorstellbare Anzahl von Atomen, zu so einem komplexen Gebilde wie eine Pflanze, einem Tier oder uns Menschen zusammensetzen.*

Innerhalb der manifestierten Formen des Willens zur Existenz, beginnt *„der Wille des Wohlgefallens"* zu herrschen.
Dieser sorgt dafür, dass alle Manifestationen stets versuchen, einen Zustand der Zufriedenheit zu generieren. Die Art wie ihnen dies gelingt, kann jedoch sehr unterschiedlich sein.

Schließlich wäre da noch
„der Wille zur Erneuerung".
Der Wille zur Erneuerung sorgt für den ausgeprägten Fortpflanzungstrieb der Manifestationen, zudem ist er der Tod aller,

da durch ihn der Alterungsprozess beginnt.

Aus diesem Grund bleibt eine natürliche Balance zwischen

Leben und Tod bestehen.

Dadurch, dass der Mensch Subjekt und Objekt zugleich

ist, kann er den Willen welcher sein Dasein bestimmt,

selbst erfahren!

Es sind unsere Wünsche, Triebe und Gelüste welche den

Willen widerspiegeln und uns zum Tatendrang bewegen.

Mit der Existenz / Geburt entsteht das „Wollen".

Durch das Wollen entsteht das „Leiden".

Auch hier zeigt sich der Widerspruch des Lebens!

Was ist Gott?

Gott ist alles was ist und nicht ist.

Außer Gott ist nichts Weiteres vorhanden.

Sie sind Gott!

Ich bin Gott!

Das gesamte Universum ist Gott!

Gott ist der Inbegriff von Existenz.

Der Ausdruck einer Regel, die besagt, dass es das Nichts nicht geben kann.

Gott ist ein Wille zur Existenz.
Eine stets zerstörerische und schaffende Kraft zugleich.

Gott ist ein blinder, zielloser sowie sinnloser Impuls, der nichts anderes vermag als sich selbst zu erschaffen, um sich dann erfahren zu können.

Wie wir wissen, war unser gesamtes heutiges Universum, vor dem Urknall bereits als verdichtete Ansammlung von Energie vorhanden.
Aus dieser Verdichtung heraus, entwickelte sich das, was wir heute als Universum bezeichnen.

Somit besteht alles Heutige, aus der bereits vor dem Urknall vorhandenen Energie.

Das gesamte Universum und somit auch alles was sich in diesem befindet, war ursprünglich einmal „Eines" und ist es auch heute noch.

Lediglich eine Ausdehnung der ursprünglich verdichteten Kraft, hat stattgefunden.

Die Trennung ist nur Illusion!!!

Alles was existiert, ist somit Gott.
Eine schon immer vorhandene, niemals mehr oder weniger gewordene Kraft, deren bestreben es ist sich selbst zu erfahren.

Gott ist im Grunde in einem blinden, ziellosen Wahn gefangen, was dazu führte, dass dessen ursprüngliche vollkommene Einheit, in die Vielheit zerrissen wurde.
Der Grund dafür könnte sein, dass eine einzige Ordnung nichts ist, im Vergleich zu den Möglichkeiten welche in der Unordnung entstehen können.

Es kann nämlich immer nur einen einzigen Zustand der Ordnung geben **z.B. 1,2,3,4,5,6,7,8,9,10.**
„Die Unordnung wiederum, erlaubt einen unendlichen Spielraum an zuständen."

Gott erlebt und erfährt sich in allen seinen Erscheinungen zugleich.

Im Menschen jedoch, ist er sich seiner selbst bewusst geworden,
(zumindest bis zu einem gewissen Maß).
Ab diesem Moment konnte er beginnen, seinem eigenen blinden Treiben zuzuschauen und zudem über dieses nachzudenken.

Gottes Fähigkeiten sind immer mit seinen Erscheinungen verknüpft, zwar konnte er sich selbst in seinen tierischen Erscheinungen schon erfahren,
doch erst die zufällige Entstehung des Menschen, ermöglichte ihm, sich seiner selbst auf einer viel komplexeren Ebene bewusst zu werden.

„Gott ist das gesamte Universum. Ein Konstrukt welches sich selbst erschafft, erhält und erfährt, es sammelt sozusagen „Daten" über sich selbst."

In jedem Lebewesen spiegelt sich somit Gottes Wesen wieder.
Die Welt ist dein Spiegelbild!
Das Spiegelbild Gottes!
Deshalb erlebt auch jedes Lebewesen seine ganz persönliche Vorstellung von der Welt.

„Denn Gott ist viel zu gewaltig, um nur eines sein zu können.“

Zum Schluss dieses Abschnittes möchte ich, dass Sie verstehen, wie wichtig es ist den Begriff „Gott" richtig zu definieren. Denn nur so können Missverständnisse reduziert werden.

Ich distanziere mich vollkommen von der Vorstellung, dass Gott ein planendes und mit Vernunft begabtes Wesen ist welches gezielt in das Weltgeschehen eingreift.
Selbst das Pseudonym „Gott" benutze ich in diesem Zusammenhang nur deshalb, weil es für Jedermann ein geläufiger Begriff ist.

Für mich ist Gott ein blinder, sowie zielloser Wille zur Selbsterschaffung.
Welcher zwar in seinen Erscheinungen zu Bewusstsein kommen kann,
im Kern jedoch immer eine unbewusst wirkende Kraft bleiben wird.

Leben bedeutet erleben!

Mit der Geburt hat ein Jeder von uns einen Namen erhalten. Dieser Name wurde zum Grundbaustein unserer Identität sowie unseres *„ICH-Gefühls"* denn jedes Mal, wenn wir ICH sagen, meinen wir doch im Grunde das im Gehirn befindliche *„Gesamtkonstrukt"* welches sich um den Namen herum gebildet hat und nun diesem angeheftet ist.

Das ICH ist im nämlich keine einheitliche Sache, sondern eine im gesamten Gehirn verknüpfte Ansammlung von *„Informationen",* die sich durch jegliche Art von Erfahrungen bilden und verändern können.

„Genau diese Verknüpfungen sind es, die Sie für Ihr selbst halten, also Ihr eigenes ICH".

Letztendlich bestehen Sie (Ihr ICH) jedoch aus *„einzelnen Fragmenten"* welche im gesamten ein künstliches Gefühl der Einheit erzeugen.
Was zudem in diesem Zusammenhang oft übersehen wird, ist der Aspekt des Bewusstseins welches zwar mit

dem Gehirn verknüpft zu sein scheint, aber **nicht** von diesem erzeugt wird.

„Das Gehirn" schaltet, verwaltet und erzeugt somit Handlungen, Gedanken, Emotionen sowie die für uns gewohnte Darstellung der Außenwelt.

„Das Bewusstsein" wiederum ist das Element welches genau diese vom Gehirn erzeugten Prozesse wahrnimmt und erlebt.

Was bin ICH denn nun, Gehirn oder Bewusstsein?
Bevor ich versuchen werde, diese Frage auf meine Weise zu beantworten, möchte ich zunächst zwei, für mich sehr wichtige Persönlichkeiten zitieren.

*Buddha: „Handlungen geschehen, aber es gibt keinen Handelnden."
*Arthur Schopenhauer: „Der Mensch kann zwar tun was er will, aber er kann nicht wollen, was er will."
Vereinfacht gesagt:
Der Mensch kann tun was er will
aber nicht entscheiden was er will!

„Jeglicher Art von Handlung, geht immer ein Impuls voraus."

Dies kann ein Gedanke, ein Gefühl oder etwas von außen sein.

Wenn Sie z.B. versehentlich auf eine heiße Herdplatte packen, wird Ihre Handlung daraus sein, die Hand so schnell wie möglich wieder weg zu nehmen.
„Der Impuls hierzu wäre in diesem Fall Schmerz gewesen."

Sind Sie hingegen sehr hungrig und entdecken dann einen Apfelbaum, wird das Pflücken eines Apfels, unsere Handlung zu dem vorherigen *„Impuls des Hungers"* sein.

Doch was würde z.B. geschehen, wenn sich neben diesem besagten Apfelbaum auch noch ein Birnenbaum befinden würde?
Könnten Sie sich dann *„ganz bewusst"*, für eine dieser Früchte entscheiden?
Nun wenn Sie Äpfel nicht sonderlich mögen, würden Sie wohl zu den Birnen greifen.
Doch dann stellt sich die Frage, weshalb Sie keine Äpfel mögen?

Ist dies einfach so, oder haben Sie sich
„ganz bewusst und frei" dafür entscheiden?
Sollten Sie hingegen beide Früchte mögen, könnte die
Entscheidung, dass Sie dennoch die Birnen bevorzugen,
eventuell daran liegen, weil Sie in den letzten Tagen
bereits sehr viele Äpfel gegessen haben und nun etwas
anderes bevorzugen.

Würden Sie sich hingegen in einer Ausnahmesituation
befinden und kurz vor dem Verhungern sein, wäre es
Ihnen vollkommen egal welche dieser beiden Früchte
Sie essen. Selbst dann, wenn Ihnen eigentlich beide
überhaupt nicht zusagen.

Im Grunde geht es hierbei immer um die Frage, ob der
Mensch wirklich einen *„freien Willen"* hat und somit
ganz bewusst eigene Entscheidungen treffen kann?
Oder ob er nicht vielmehr Entscheidungen *erlebt,*
ohne an diese beteiligt zu sein?

Stellen Sie sich des Weiteren einmal vor, dass Sie in
einem Labyrinth entscheiden müssen, ob Sie nach links
oder nach rechts weiter gehen möchten.

Zunächst werden Sie Gedanken in ihrem Kopf erleben welche darüber grübeln, welchen Weg es nun einzuschlagen gilt. Doch irgendwann fällt dann *ganz plötzlich der Entschluss* z.B. nach rechts zu gehen. Waren wirklich Sie es, der dies *ganz bewusst* entscheiden konnte?
Oder war es nicht viel mehr so,
dass Sie lediglich *erlebt* haben, wie von Ihrem Kopf ein Entschluss getroffen wurde?

Um dies etwas besser verstehen zu können, müssen Sie verstehen, …
…dass Sie nicht der Denker Ihrer Gedanken sind, bzw.
dass die Gedanken welche Sie erleben, überhaupt nichts mit Ihnen zu tun haben. Also gar nicht Ihre Gedanken sind!

Gedanken entstehen, ohne dass Sie etwas dafür tun müssen und ohne jegliche Kontrolle Ihrerseits!

Dieses alte Volkslied beschreibt diesen Umstand sehr gut:

„Die Gedanken sind frei,

wer kann sie erraten?

Sie rauschen vorbei,

wie nächtliche Schatten.

Kein Mensch kann sie wissen,

kein Jäger sie schießen.

Es bleibet dabei:

Die Gedanken sind frei!"

Auch bei der Meditation geht es im Grunde darum, zu bemerken, dass man selbst nicht der Denker von Gedanken ist sondern diese lediglich erlebt.

Ist man jedoch mit dieser Erkenntnis nicht vertraut, fängt man unausweichlich an, sich mit diesen zu

„identifizieren",

so als würde man das Geschwätz von Anderen, für die eigenen Worte halten.

Wenn ich Ihnen also nun z.B. die Aufgabe geben würde, den erstbesten Namen oder die erste Zahl zwischen 1 und 100, die Ihnen in den Sinn kommt aufzuschreiben, sollten Sie bemerken, dass diese Zahl bzw. der Name ganz plötzlich „ohne" Ihr zutuen aus dem nichts heraus in Ihrem Geist auftaucht.

Es geschieht ganz einfach!

Mit *Gefühlen* verfährt es sich gleichermaßen, sie entstehen ganz einfach plötzlich, ohne von Ihnen beabsichtigt worden zu sein. Somit erleben Sie diese genauso, wie Sie *Gedanken* und *Handlungen* lediglich *„erleben."*

Die Indizien führen also zu der Annahme, dass Sie nicht das Gehirn sein können sondern eher das *„Bewusstsein"* sind.

Gestützt wird diese These zudem von der Tatsache, dass alle wichtigen Vitalfunktionen des Körpers komplett
„ohne Ihr Zutun"
(*genau wie bei den Gedanken, Gefühlen, und Handlungen*)
„vom Gehirn ausgeführt werden."

Aus meiner persönlichen Sicht und Erfahrungen heraus, kann ich daher nicht davon ausgehen, dass wir etwas anderes als das Bewusstsein sein können.

Das Bewusstsein Gottes

*Wie ich den Begriff „Gott" definiere, haben Sie bereits auf **Seite. 30** unter dem Abschnitt*
„Was ist Gott?" *erfahren können.*

Kurz und knapp zusammengefasst, ist Gott eine...
...blinde sowie ziellos wirkende Kraft welche sich aus sich selbst heraus, in den unterschiedlichsten Versionen manifestiert, um sich so auf diesem Weg selbst erfahren zu können. Somit ist alles Seiende die Ausdrucksform ein und derselben identischen Kraft.

Um sich selbst erfahren zu können, ist allerdings etwas von Nöten, was wir als *„Bewusstsein"* bezeichnen.

Im Grunde besteht Gott also aus zwei unterschiedlichen Komponenten, die dennoch eine Einheit bilden weil sie miteinander verwoben sind.

Zum einen sind da die unterschiedlichsten Manifestationen Gottes, zum anderen ist da noch das *„eine und einzige"* Bewusstsein Gottes welches mit allen seinen manifestierten Ausdrucksformen verbunden ist.

Gott existiert somit auf zweifacher Weise, zum einen als Erscheinung und zum anderen als Bewusstsein welches das erlebt, was auch die Erscheinungen erleben.

Es ist fast so, als hätte Gott den *„Autopilot-Modus"* angeschaltet, um sich dann völlig *„ohne jegliche Kontrolle"* in Form von Bewusstsein selbst erfahren zu können.

(Den Gedanken an einer Form des „Selbst Experiments", kann ich mir in diesem Zusammenhang nicht verkneifen.)
„Wobei ich mir nicht vorstellen kann, dass dieser Schritt zuvor bewusst geplant und dann schließlich ausgeführt wurde!"

Gott erfährt sich somit in allen seinen Erscheinungen zugleich.
Der Glaube daran, dass Gott alles sieht, ist also daher gar nicht mal so unbegründet!

Die medizinische Aussage, dass jemand das Bewusstsein verloren hat, ist aus meiner Sicht der Dinge daher nicht korrekt, da dieses niemals weg war, sondern lediglich nichts mehr wahrnehmen kann. Schuld daran, ist die eingeschränkte Aktivität des Gehirns, mit dem das Bewusstsein verbunden ist.

Das Gehirn funktioniert wie ein „Antennensystem" für das Bewusstsein, wenn dieses System Störungen erleidet, ist die Wahrnehmung für das Bewusstsein nur noch sehr eingeschränkt.

Genauso wie wir entweder garkeinen oder nur sehr schlechten Fernseherempfang haben, wenn die Antenne defekt ist oder Störungen erleidet.

Doch das Bewusstsein ist nicht nur mit Gehirnen verbunden, sondern auch gleichermaßen mit z.B. Pflanzen, Steinen und allem anderen.

„Allerdings kann es (das Bewusstsein) immer nur so viel wahrnehmen, wie auch das Objekt, mit dem es verbunden ist wahrnehmen kann."

Im Falle eines Steines dürfte dies wohl nicht sonderlich viel sein, doch bei einer Pflanze könnte es wiederum mehr sein, als wir uns vorstellen können oder wollen.

Freiheit vom Leid

„Mit der Geburt entsteht das Wollen und durch dieses das Leid.“

Dies kommt daher, weil wir niemals allen unseren Bedürfnisse vollkommen gerecht werden können.
Und selbst wenn uns dies doch einmal gelingen sollte, entsteht nach meist sehr kurzer Zeit, sofort eine neue Anzahl von diesen anhänglichen Quälgeistern.

„Daher beruht das Problem des Leidens darauf, dass wir überhaupt wollen.“

Es sind nämlich unsere *unbefriedigten Träume, Ziele, Wünsche und Hoffnungen,* die in uns das Leid hervorrufen und durch den hartnäckigen Trieb des Wollens ausgelöst werden welcher das wahre Wesen der Welt zu sein scheint, wie wir bereits auf *Seite. 24* unter dem Abschnitt
„Das Wesen der Welt ist Wille“ feststellen konnten.

„Leben bedeutet wollen.
Wollen bedeutet leiden.“

Um nun also das Leid vermindern zu können, ist es unbedingt von Nöten das Leben und somit auch das Wollen bis zu einem sehr hohen Maß zu verneinen. Dies bedeutet, jegliche Anhaftung an diesem jetzigen Dasein aufzugeben und das Leben selbst, als den wahren Grund allen Leidens zu durchschauen.

Im Grunde ist es doch recht simpel... Leid entsteht immer dann, wenn etwas nicht so verläuft, wie wir es gern hätten.

Es gilt also daher zu lernen, den eigenen Trieb des Wollens auf ein Mindestmaß zu reduzieren, bis dieser nur noch soweit herrscht, um die Grundbedürfnisse zu gewährleisten. Die da wären: essen, trinken, schlafen, und eine sichere Unterkunft zu finden.
Alles weitere in diesem Leben ist zunächst einmal ein nicht zwingend erforderlicher
optionaler *Luxus, den ich mir zwar soweit mir dies möglich ist gönnen kann, doch darf dieser **<u>niemals</u>** in eine Form der *„Anhaftung"* übergreifen.

*Mit Luxus ist in diesem Fall nicht nur der Luxus irgendwelcher materieller Gegenstände gemeint,

sondern auch der Luxus von Träume, Ziele, Wünsche und Hoffnungen.

Dies mag zwar alles etwas überzogen wirken, doch gibt es nach meiner Meinung keinerlei Alternativen.

„Wer nichts will, kann auch nicht leiden!"

In diesem einfachen Satz steckt bereits das ganze Geheimnis und ich glaube, es ist nicht unbegründet, weshalb ich mir in diesem Zusammenhang, stets das Leben eines einfachen bescheidenen Mönches vorstelle.

Das Geheimnis eines glücklichen Lebens ist es, ohne jegliche Erwartungshaltung an dieses heranzutreten. Bescheidenheit und Disziplin sind das Entscheidende für diesen Weg. Am Ziel angekommen ist man dann, wenn einem bereits die kleinsten Kleinigkeiten des Lebens die größtmögliche Erfüllung bringen. Dies kann ein einfacher Schluck Wasser sein, eine frische Sommerbrise, nette Unterhaltungen oder aber ein einfacher Spaziergang in der Natur. Alles was einem Erfüllung bringt, ohne es gleich besitzen oder beherrschen zu wollen, kann einem niemals schaden. Sollten jedoch genau diese Dränge in einem aufkommen, kann ich nur raten den Auslöser dafür so gut es geht zu meiden.

Bitte bedenken Sie bei dieser vielleicht zunächst etwas übertrieben wirkenden Lebensweise, dass jeder für sich selbst entscheiden muss wie weit er bereit ist, für die eigene Freiheit zu gehen. Denn natürlich ist mir selbst aus eigener Erfahrung sehr gut bewusst, wie schwierig es sein kann das zu vermeiden, was einem zunächst zwar oberflächlich betrachtet Gutes bringt, bei genauerer Analyse jedoch als Leid-Verursacher entlarvt werden kann.

Egal wie Sie sich nun entscheiden werden, folgende Erkenntnis bleibt dennoch sicher bestehen:

„Mit dem Leben kommt das Wollen.
Mit dem Wollen kommt das Leiden!"

Entstehen und Vergehen

Alles was Entsteht, muss auch irgendwann einmal wieder vergehen. Dies ist wohl jedem von uns sehr gut bekannt, da doch unsere eigene Existenz beständig dem Ende entgegenläuft. Kein Wunder also, dass die Menschheit damit begann sich die Frage zu stellen, ob es nach dem Tod noch etwas Weiteres geben könnte?

Abgesehen von der Vorstellung der **Hölle** und des **Himmels**, also des Paradieses, ist noch der Glaube an die **Wiedergeburt** eine weit verbreitete Denkweise, wobei diese Idee durchaus möglich sein könnte, da mehrere Indizien dafür sprechen:

1. *Jegliche Form von Materie ist im Grunde nur ein Konstrukt aus Unmengen winziger Energieeinheiten welche ihrerseits mit Informationen bespickt sind. Diese Energie, von der wir hier reden, ist allerdings niemals erschaffen worden, sondern war schon immer vorhanden. Sie kann weder mehr noch weniger werden sondern nur ihre Erscheinung ändern. Wasser z.B. können wir in drei unterschiedlichen Erscheinungsformen erleben: fest, flüssig und gasförmig. In jeder dieser Formen, ist dasselbe Wasser enthalten, allerdings hat sich der Informationsgehalt des Wassers jeweils dementsprechend verändert, wie es die Situation zulässt. Bei Kälte zu Eis, in der Hitze zu Dampf und unter neutralen Umständen zu flüssigem Wasser. Dadurch, dass wir alle aus eben dieser Energie bestehen, kann unser wahres Wesen niemals*

vergehen, sondern wenn überhaupt nur seine Erscheinung verändern.

2. *Es gab bereits genügend Fälle, wo Betroffene sich an ein früheres Leben erinnert haben. Sie konnten sich an Personen und Orte erinnern obwohl dies überhaupt nicht möglich sein konnte. Zudem gibt es sehr viele Berichte über hochbegabte Menschen, die bereits im Kindesalter Fähigkeiten besaßen, die weit über ihrem Alter lagen. Es scheint daher so, als wären ihnen diese Gaben angeboren.*

Eine andere Theorie hierfür könnte jedoch die des **„kosmischen Gedächtnisses"** sein welche besagt, dass alle Informationen innerhalb des Universums nicht verloren gehen können, sondern in einem kosmischen Gedächtnis abgespeichert sind. ***Dies würde unter anderem bedeuten, dass auch Ihre und meine Informationen dort gespeichert sind.*** Was bedeuten würde, dass alle Informationen, die Sie im Laufe Ihres Lebens erhalten haben, auch nach Ihrem Tod noch vorhanden sind. Entweder kann dies auf ein wirkliches Fortbestehen nach dem Tode deuten, soll heißen, dass wir weiterhin Zugang zu unserem bisher gewohnten „*ICH*" haben.

Oder aber es bedeutet, dass alle Informationen, die im Universum gespeichert sind, „*wiederverwertet*" werden.

Dies würde auch erklären, warum es diese hochbegabten Kinder gibt oder weshalb Personen sich an ein früheres Leben erinnern können.

Im Grunde könnte jeder Mensch und jedes Tier bereits bei der Geburt mit gewissen Informationen ausgestattet sein.

Aus diesem Grund weiß eine Spinne auch, wie sie ihr Netzt spinnen muss. Oder ein Vogel, wie er ein Nest zu bauen hat. Ihre Vorfahren haben ihnen diese *Information* dazu sozusagen „*vermacht*", in dem sie es damals bereits ausprobierten und herausgefunden haben.

Auch der Mensch hat vielleicht schon von Geburt an, eine Mischung aus diesen gespeicherten

Informationen Inne, auf die er im Laufe seines Lebens zugreifen kann. Wobei ein paar wenige Auserwählte unserer Art, anscheinend besser oder anders auf diese Information zugreifen können, was wieder eine Erklärung für die Hochbegabten wäre und natürlich für die Menschen, die Zugriff auf ein früheres Leben haben.

Das gesamte Universum scheint also durchdrungen von *Informationen* zu sein, die es selbst erschaffen und angesammelt hat. Wie bei einer *Computersimulation,* die sich selbst berechnet, weiterentwickelt und das angesammelte Wissen wiederverwertet, entwickelt es sich immer weiter und speichert weiterhin Informationen über sich selbst.

Doch auch das Universum wird nicht ewig bestehen. Irgendwann einmal wird der Zeitpunkt kommen, wo die Ausdehnung des Universums aufhört und stattdessen das genaue Gegenteil eintritt, bis schließlich wieder alles auf einen einzigen winzig kleinen Punkt verdichtet ist und ein neuer Urknall entsteht.

Der Urknall ist nämlich das Ereignis welches zwischen dem gerade Vergangenen und nun neu entstehenden Universum herrscht.

!!!Ein ewiger Kreislauf!!!

In Verbundenheit zur Wahrheit und dem Wissen verbleibe ich:

Dennis Ladener

-Schlusswort-

Meine abschließenden Worte werden sehr bescheiden sein. Ich möchte zu allererst einmal danke sagen dafür, dass Sie es bis hier hin geschafft haben. Ich hoffe, dass Sie es nicht bereuen, dieses Buch bis zum Schluss gelesen zu haben.

Da dies erst mein zweites Buch ist und es sich zudem um solch ein komplexes Thema handelt, möchte ich mich für eventuell aufgetretenen Fehlern oder Unklarheiten bei Ihnen entschuldigen. Zu keinem Zeitpunkt, werde ich mich von solchen Dingen distanzieren, sondern um Verzeihung und Verständnis bitten.

Zum jetzigen Zeitpunkt im Jahr 2015 bin ich 24 Jahre alt und beschäftige mich erst seit 4 Jahren professionell mit diesen Themen. Meine Entwicklung ist daher noch lange nicht abgeschlossen, sondern hat gerade erst begonnen. Dieses Buch spiegelt daher meinen momentanen Entwicklungsstand wieder, zumindest den Stand, wie ich meine Gedanken auf Papier bringen kann.

Ich hoffe dennoch, dass ich Ihnen zumindest ein wenig dabei helfen konnte, eine neue Denkweise zu entdecken, die Ihr Leben auch noch nachhaltig positiv bereichern wird.

Für die Erkenntnis.

-Danksagungen-

Besonderer Dank, gilt an erster Stelle meinem alten Freund und Mentor **Ugur Uslu**. Er war der Mensch, der mich vor einigen Jahren mit der Welt der Philosophie und insbesondere mit dem Namen „Arthur Schopenhauer" vertraut machte. Ohne Ihn, wäre ich niemals auf meine wahre Berufung gestoßen.
Mein Freund ich danke dir dafür.

Als nächstes möchte ich meiner Lebenspartnerin **Janina** danken, die mir bei der Korrektur dieses Buches geholfen hat und schon seit Jahren erfolgreich meine besonderen Eigenarten erträgt.
Mein Schatz, ich liebe dich und danke dir für alles.

Als letztes möchte ich meinem Opa **Hans Johann** danken, weil er immer an mich geglaubt hat und mich aus diesem Grund auch in der Zeit, wo ich mein erstes Buch schrieb, finanziell unterstütze. Dank ihm, hatte ich viel Zeit, in der ich mich in Ruhe meinen Studien widmen konnte.
Ohne ihn, wäre ich jetzt nicht so weit, wie ich es bin.
Du warst stets erfolgreich, Opa und Vater zugleich für mich. Ich danke dir auf ewig dafür. Du hast mich mit am Meisten geprägt.

-Weitere Bücher von Dennis Ladener-

Die Höhere Erkenntnis
Ein Weg zum besseren Verständnis der
Welt

Format: Taschenbuch
Seitenanzahl: 280
Erstausgabe: 16. April 2014
ISBN-13: 978-3735788689
Preis: 12,90€

Die Datenwelt Theorie

Format: Taschenbuch
Seitenanzahl: 100
Erstausgabe: 04. Februar 2015
ISBN-13: 978-3734750946
Preis: 6,50€